D1193138

COLLECTION
RAPPELS

L'homme effacé

Michel Ouellette

L'homme effacé

théâtre

LE
Nordir

Correspondance:
Département de français, Université d'Ottawa
60, rue Université, Ottawa, Ontario K1N 6N5
Tél. (819) 243-1253 – téléc. (819) 243-6201
lenordir@sympatico.ca

Mise en pages: Robert Yergeau
Correction des épreuves: Jacques Côté

Dépôt légal: troisième trimestre 2008
© Michel Ouellette et Le Nordir, 2008
ISBN 978-2-921365-64-2

À Loïc-Alexandre

L'auteur tient à remercier Sylvie Dufour, directrice artistique du Théâtre du Nouvel-Ontario, pour son appui, tant dramaturgique que moral, tout au long de la création du texte.

L'HOMME EFFACÉ

a été créée à Sudbury le 19 février 1997
par le Théâtre du Nouvel-Ontario
en coproduction avec le Centre national des arts

mise en scène: Sylvie Dufour

scénographie: Jean Bard
éclairages: Michael Brunet
musique: Marcel Aymar
régie: Diane Fortin

Distribution
Nadine Desrochers - ANNIE-2
Lyette Goyette - MARTHE
Annick Léger - ANNIE
André Richard - PITE
Éloi Savoie - THOMAS

Pénombre.

Un homme en guenilles, THOMAS, tient un sac d'épicerie usé par les années, sali par le temps. Devant lui, une fillette, ÈVE. Ils se regardent, se fixent. L'homme avance une main. La fillette fait le même geste et dépose quelques sous dans la main ouverte de Thomas. Temps. La fillette tourne la tête, comme si quelqu'un l'appelait. L'homme regarde aussi dans cette direction. La fillette sort. L'homme ferme la main sur l'argent de la fillette et regarde droit devant lui.

PREMIÈRE JOURNÉE

Thomas fixe le vide devant lui, en lui. Il porte une combinaison institutionnelle. Son sac d'épicerie est posé sur une petite table.

ANNIE-2
Thomas!

MARTHE
Thomas!

PITE
Thomas!

MARTHE
Thomas!

ANNIE-2
Thomas!

PITE, ANNIE-2 et MARTHE avancent vers Thomas.

PITE
Parti de chez nous à douze ans. Douze ans que j'avais, quand je suis parti. Fait les bateaux sur la mer, la haute mer. Calcutta,

11

Jakarta. Le p'tit mousse. Douze ans. Saigon, Hong Kong. Sur des grands bateaux, grands comme des îles.

ANNIE-2
T'étais sur le Titanic, je te gage.

PITE
J'ai vu le monde, moi.

MARTHE
T'as tout vu.

PITE
Je l'ai vu habillé de toutes sortes de manières, dans toutes les couleurs possibles et inimaginables.

ANNIE-2
Rose nanane pis vert caca!

PITE
Sur les bateaux, ils m'appelaient Peter. Mais c'était Pierre, mon nom. Après ils ont déformé ça à Pete. Pis c'est devenu Pite. Pite. C'est moi, Pite.

ANNIE-2
Capitaine Pite!

MARTHE
Arrête donc de l'interrompre.

ANNIE-2
Il me fatigue! Il me fatigue assez!

PITE
Fait le tour du monde au moins trois fois. Shanghai, Tokyo. Oui, le monde. Faut que tu te ramasses le cul pour aller le voir.

Vancouver, San Francisco. Faut que tu jobes. Ici et là. N'importe où. Panama. Faut que tu sois toujours prêt à jober. À prendre la claque que la vie veut te sacrer dans la face.

ANNIE-2
Clac, clac, clac! Ferme-la!

PITE
Jober, jober, jober. Toi, ton propre *boss*. Tu fais la guidoune pour personne d'autre que toi.

MARTHE
Dis pas ce mot-là. C'est pas un beau mot.

ANNIE-2
La pute. La facile. La grande écartillée.

MARTHE
Oh!

PITE
Un jour, le pied marin qui boite. New York, Halifax. Ça fait que je suis rentré. Montréal. Pis j'ai fait les chemins de fer. Fait le tabac. Fait les fruits. Fait les foins. Ici et là.

ANNIE-2
Fait ben du vent. Ici et là.

MARTHE
Chut!

PITE
Tout fait pour gagner ma vie, gagner ma liberté. Fait le bois. Hearst. La construction de barrages dans le Grand Nord. Island Falls. Pour m'arrêter ici. Sudbury. Arrêter de travailler. Pas voulu faire la mine. Le creux de la terre. Pas pour moi. Tu peux pas

courir libre dans le creux de la terre. Tu vois rien. Vous me pognerez jamais dans le *pit* noir de la mine. Moi, c'est le ciel au-dessus de ma tête. Pas des tonnes de roche. Le ciel. Le ciel bleu.

ANNIE-2
Peureux!

PITE
Quand j'avais pas douze ans, je voulais voler, être un aviateur. C'est pour ça que je suis parti de chez nous. Mais j'ai pas trouvé d'avion. C'est dur embarquer sur un avion. Ben plus facile les bateaux. Ben plus facile les chemins de fer. Facile les camions. Mais les avions. Je voudrais ben décoller au moins une fois, avant de mourir. Décoller de la Terre. Pis arrêter d'être un pigeon voyageur pas de plumes, pas de nid.

MARTHE
T'as ta chambre dans ma maison.

ANNIE-2
Téteux!

PITE
J'ai peur d'être vieux, tu seul. J'ai peur d'être tu seul vieux. C'est pour ça que je reviens toujours. Sudbury.

MARTHE
Ta chambre sera toujours là pour toi, Pite.

PITE
Je reviens pour m'imaginer qu'y a une famille où je *fit* dedans. Une famille où je suis un père, un mari, un homme.

ANNIE-2
T'es ni le père ni le mari. Pis t'es même pas un homme.

PITE

Je suis rien qu'un chambreur tu seul.

MARTHE

Dis pas ça.

ANNIE-2

Rien qu'un maudit péteux de broue.

Silence.

PITE

Tiens de l'argent, mon Thomas. Va me chercher un *Playboy*. Un *Playboy*.

ANNIE-2

Ça raidit ce qu'il y a de mou dans tes culottes. Mais ça fait pas de toi un homme. Tu restes un p'tit gars de douze ans.

PITE

Je suis un vieux garçon.

ANNIE-2

Un vieux maquereau!

MARTHE

Veux-tu ben arrêter de l'insulter! Tu sais pas vivre? On doit le respect aux plus vieux que soi.

ANNIE-2

Y a ben trop de vieux sur la Terre. C'est pour ça que les jeunes ont pus d'avenir. Trop de vieux pleins d'histoires à moitié vraies, à moitié inventées. Ça fait trop de passé. Ça pèse sur tout. Ça étouffe l'espoir. Ça nous étouffe, nous autres, les jeunes!

Marthe se met à tousser sans arrêt.

PITE
Ferme-la donc! Tu vois ben qu'elle est malade!

ANNIE-2
Qu'elle meure donc!

PITE
Mords ta langue avant de parler!

ANNIE-2
Fais un nœud dedans!

Marthe se remet à tousser.

MARTHE
Mon Dieu! Mon Dieu!

Marthe continue de tousser.

PITE
Dans sa chambre. Marthe. Elle tousse. Elle tousse dans les couvertures. Elle tousse dans le noir de sa chambre à coucher.

MARTHE
Je tousse pas. Je rêve. Je suis sur un nuage de fumée bleue. De fumée de cigarette bleue. Parce que je rêve. Je rêve que je fume même si j'ai arrêté depuis un an parce que le docteur me l'a interdit. Interdit. Il m'a dit.

PITE
«Pas de cigarettes, madame Villeneuve. Pas de nicotine. Vous avez pas la poitrine pour. Pour continuer à fumer.»

MARTHE
Je fume pas. Je rêve que je fume. Je suis enroulée dans les couvertures comme du tabac dans sa feuille de papier blanc. Pis le bon

Dieu me fume. Je rêve. Le bon Dieu me fume. Pis je monte au ciel dans une belle fumée bleue. Un nuage de fumée de cigarette bleue. Vas-y, Dieu. Grouille. Une dernière poffe. Une dernière.

PITE
La dernière cigarette.

MARTHE
Une bonne. Tire, tire, tire. Gonfle-toi les poumons, Dieu. Brûle-moi toute. Jusqu'au bout du filtre. Laisses-en pas. Laisse pas de mégot à moitié fumé. Fume-moi toute. Une grande poffe éternelle, mon Dieu. Mon Dieu!

PITE
Calme-toi, Marthe.

ANNIE-2
Sinon le bon Dieu va vous écraser dans le cendrier.

Silence.

MARTHE
Thomas. Va me chercher des cigarettes. J'ai besoin de fumer.

PITE
Tu devrais pas recommencer à fumer.

ANNIE-2
Achètes-y donc un *carton*!

PITE
Toi, ferme-la!

MARTHE
Crie pas après. Faut essayer de la comprendre.

17

PITE
Que c'est qu'y a à comprendre? À voir, on voit ben. Une trimpe.

ANNIE-2
Je suis pas ben ici. Pas ben dans ma peau ici.

PITE
Sors-la, mon Thomas. Sors-la donc d'ici.

ANNIE-2
Emmène-moi à la Nash. Je suis pas ben. Emmène-moi à la Nash, prendre une bière, deux bières, trois. Je suis pus capable d'entendre ta mère râler.

PITE
Nous autres, on n'est pus capables de t'endurer, chère.

ANNIE-2
Pas ben dans ma peau. C'est à cause d'eux autres. De ta mère pis de Pite. Ils m'aiment pas.

PITE
T'es pas aimable.

MARTHE
T'es difficile.

ANNIE-2
Emmène-moi à la Nash! Prendre une bière, deux bières, trois! Sors-moi de la maison. Dans la maison, ça parle trop. Toujours contre moi. Même dans le silence, ça parle contre moi.

PITE
Sangsue!

MARTHE
Faut y laisser une chance.

18

PITE

Des filles de même, ça demande rien que la chance de te détrousser.

ANNIE-2

Sors-moi de la maison. Je suis après virer folle. Si t'es pas pour me sortir à la Nash, Thomas. Si t'es pas pour me sortir, va donc me chercher des batteries. Mon *walkman* marche pus. Les batteries sont mortes. Les batteries sont mortes pis je peux rien me mettre d'autre dans les oreilles que ces deux maudites vieilles perruches-là.

Silence.

PITE

Parti de chez nous à douze ans. Douze ans que j'avais, quand je suis parti. Fait les bateaux sur la mer, la haute mer. Calcutta, Jakarta. Le p'tit mousse. Douze ans. Saigon, Hong Kong. Sur des grands bateaux, grands comme des îles.

ANNIE-2

T'étais sur le Titanic, je te gage.

PITE

J'ai vu le monde, moi.

MARTHE

T'as tout vu.

PITE

Je l'ai vu habillé de toutes sortes de manières, dans toutes les couleurs possibles et inimaginables.

Une femme entre, ANNIE, c'est-à-dire Annie à trente ans. Elle a l'air fatigué, ses vêtements aussi. Elle fait plus vieux que son âge.

PITE
Qui c'est ça?

MARTHE
C'est elle: Annie.

Annie s'avance vers Thomas.

PITE
Annie?

ANNIE-2
Voyons donc! C'est pas moi, ça!

Silence.

PITE
Elle parle pas. Pourquoi elle parle pas?

MARTHE
Elle attend qu'il parle le premier.

Annie ouvre son sac à main et sort un article de journal qu'elle a découpé. Elle lui montre l'article.

ANNIE: C'était dans le journal. *Unidentified Street Person.* Ils ont fait paraître ta photo dans le journal. C'est comme ça que je t'ai retrouvé. Je m'attendais pas à ça. Je m'attendais jamais à te revoir. Thomas? Thomas. C'est moi. C'est moi, Annie.

ANNIE-2
Moi? J'ai donc ben de l'air folle! C'est pas moi, ça! Je suis pas de même!

Silence.

PITE
C'est-tu vraiment elle?

ANNIE-2
Ben non!

MARTHE
C'est elle.

ANNIE: T'as pas trop changé. Un peu magané. Mais reconnaissable.

PITE
Ça peut pas être elle.

ANNIE: Que c'est que t'as fait pendant les dix dernières années?

ANNIE-2
Pourquoi ça serait moi? Je m'habillerais jamais de même. Pis regarde! Elle est même pas maquillée. Elle a de l'air d'une madame à sacoche!

ANNIE: C'est la première fois que je mets les pieds ici. C'est une ben drôle de place.

PITE
Ici, c'est le *Mental Hospital.*

MARTHE
Mais t'es pas mental, Thomas. Quand ils savent pus où te mettre, quand ils peuvent pas te mettre en prison, ils t'envoient ici. Pour te faire examiner.

ANNIE: Ils m'ont dit que t'étais pas dangereux. Mais.

MARTHE
Ils savent pas qui t'es.

PITE
T'avais rien dans les poches. Pas de papiers. Pas de numéro. Pas de clé.

ANNIE-2
Pas de char. Pas d'adresse. Pas de clé.

MARTHE
Du linge sale. Un sac usé. Pas de clé.

ANNIE: J'ai failli pas venir. Je me suis dit que ça pouvait pas être lui. Y a dix ans que je l'ai pas vu. Mais. C'était ben toi sur la photo dans le journal. Les mêmes yeux. J'ai vu que c'était toi. Mais. Ils disaient dans le journal que tu parlais pas.

MARTHE
T'as pus rien à dire.

PITE
Tu te fermes la yeule pis tu les laisses grouiller autour de toi.

ANNIE: Ils disaient que la police t'avait ramassé sur Yonge Street. T'étais confus, tout en guenilles.

MARTHE
Ils t'ont ramassé en plein milieu de Yonge Street.

ANNIE-2
Drette sur la ligne jaune.

PITE
Des chars chaque bord de toi qui crient. «Tasse-toi, tabarnac! Tu veux-tu te faire lutter?»

22

ANNIE-2
Non, non. Ils crient en anglais: «*Get the fuck out of the way! Do you want to get killed?*»

ANNIE: Dans le journal, ils cherchaient quelqu'un qui pouvait t'identifier. Je suis-tu la seule personne dans tout Toronto qui te connaisse?

MARTHE
Sur la ligne jaune.

PITE
Des *boom boom cars* remplis de jeunes avec des lunettes de soleil.

ANNIE-2
Boum! Boum!

PITE
Des criards autour de toi. Des chars de touristes chinois. Du monde sur les trottoirs, Jaunes, Blancs pis Noirs! Des sirènes! Des lumières qui flashent!

ANNIE: C'est à cause de la photo dans le journal. À cause de tes yeux. Tu sais, des fois, quand tu regardes une photo, t'as comme l'impression qu'elle te regarde juste toi, comme si les yeux te suivaient partout. Dans tes yeux, je me suis vue. Comme si j'étais dans tes yeux. Trois nuits que je dors pas. Fa que je me suis finalement décidée à venir voir si c'était bel et bien toi. Ça me fait peur d'être devant toi après tant d'années. Surtout que tu parles pas. Mais.

ANNIE-2
Elle me fatigue, elle. Qu'elle nous lâche avec ses niaiseries! Si elle veut pas être ici, elle a rien qu'à s'en aller.

MARTHE
Faut l'écouter.

ANNIE-2
Dis-y de sacrer son camp.

MARTHE
Dis-y que t'es heureux de la revoir.

PITE
Les mots restent pognés dans ta gorge. Dans ta gorge: des bar-
reaux, des cadenas, des serrures, des chaînes. Pas de clés, pas de
poignées de porte. Dans ta gorge: une prison.

MARTHE
T'as rien qu'à l'écouter.

ANNIE: Les psychiatres m'ont dit que je pouvais rester tant
que je voulais, que ça pourrait peut-être te faire du bien de me
revoir.

MARTHE
Tu lui parleras quand tu seras prêt.

ANNIE: Je sais pas si je peux rester longtemps. Je travaille.
J'entre des données dans un ordinateur. C'est pas pire comme
job. Toujours la même chose. Il faut juste que tu pitonnes assez
vite. Sans faire trop d'erreurs.

ANNIE-2
Maudite job plate, ça!

ANNIE: J'ai pris la journée de congé. Je leur ai dit que j'étais
malade. Mais.

MARTHE
Reste.

ANNIE: Je parle trop, hein? Je devrais te laisser parler en premier. Je vas attendre.

ANNIE-2
Ouin.

PITE
Attendre, qu'elle dit. Attendre. Elle t'avait-tu dit de l'attendre, y a
dix ans, mon Thomas? Y a dix ans quand tu vivais chez ta mère
avec elle, à Sudbury. Dans le New Sudbury.

MARTHE
C'était y a dix ans?

ANNIE-2
On était jeunes pis beaux, toi pis moi.

PITE
Y a dix ans. À Sudbury. À cinq cents milles d'ici. Elle t'avait pas
dit de l'attendre. Y a dix ans.

ANNIE-2
Je lui ai pas dit de m'attendre.

PITE
Elle est partie sans te dire au revoir.

MARTHE
Moi itou.

Annie prend le sac d'épicerie et sort les objets.

ANNIE: C'est quoi, ça? Un *carton* de cigarettes? Un *Playboy*?
Des batteries?

MARTHE
Toute ta vie, là. Tous tes souvenirs. Ce qui reste de. Tout.

PITE
Playboy. Cigarettes. Batteries.

ANNIE-2
Batteries. *Playboy*. Cigarettes.

MARTHE
Cigarettes. Batteries. *Playboy*.

ANNIE: Tu me reconnais-tu? C'est moi, Annie.

PITE
Toutes les femmes s'appellent Annie.

ANNIE-2
C'est pas elle. C'est moi, Annie. Rien que moi.

PITE
À Toronto, toutes les femmes sont Annie. Annie. Tu la cherchais dans les rues de Toronto, avec ton sac d'épicerie. Pendant dix ans, t'as suivi des dizaines, des centaines, peut-être des milliers de filles qui lui ressemblaient.

ANNIE: Excuse-moi. Il faut que je rentre.

MARTHE
Pars pas.

ANNIE: Avant de partir, ils vont me faire remplir des formulaires. Ils avaient besoin de ton nom, de ton histoire. Je vas leur dire ce que tu refuses de leur dire. Mais à moi, tu dois ben avoir quelque chose à dire, hein?

Silence.

ANNIE: Je sais pas si je peux revenir.

MARTHE
Elle s'en va. Arrête-la.

26

ANNIE-2
Laisse-la partir. Elle est même pas belle.

Sortie d'Annie.

PITE
Elle est partie.

ANNIE-2
Bon débarras.

PITE
Dix ans, mon Thomas.

...

ANNIE-2
C'est quoi le temps quand tout ce qui te reste entre les mains, c'est un maudit sac de plastique?

PITE
Ça fait dix ans!

MARTHE
C'est quoi les mots quand tout ce qui te reste dans la tête, c'est trois fantômes qui arrêtent pas de parler pour toi?

PITE
Dix ans!

Silence.

DEUXIÈME JOURNÉE

Thomas est toujours assis dans la salle d'observation de l'hôpital psychiatrique.

MARTHE
Thomas. Y a une semaine. Sur un coin de Yonge Street.

ANNIE-2
Il veut oublier ça.

MARTHE
Tu te souviens?

ANNIE-2
Non.

MARTHE
Tes yeux ont rencontré des yeux. Tu les as reconnus.

ANNIE-2
Des yeux, il en a vu des centaines, des milliers. Des yeux noirs, des yeux bleus, des yeux bruns.

MARTHE
Ils étaient comme tes yeux à toi, Thomas.

ANNIE-2
Il a les yeux rouges, lui. Rouges de froid, rouges de peur, rouges de misère. Fa que lâches-y les yeux du monde. Il veut pas le savoir. Il veut rien savoir.

MARTHE
Tu le sais que ces yeux-là t'ont reconnu comme toi tu les as reconnus.

Marthe se met à tousser puis à respirer bruyamment.

ANNIE-2

C'est ça. Étouffe, la mère! Tousse pis étouffe! Il veut pas reconnaître personne. C'est pour ça qu'il est ici. Pour pas se rappeler.

MARTHE

Thomas.

PITE

Assieds-toi, mon Thomas. Assieds-toi dans la cuisine de la maison de ta mère.

ANNIE-2

Tu veux pas venir dans la chambre à coucher avec moi, à la place?

MARTHE

Thomas?

PITE

Je m'en vas te raconter la fois que je suis allé à Gibraltar.

ANNIE-2

Pas encore cette maudite histoire-là!

PITE

J'ai rencontré une fille, là. Esmeralda, qu'elle s'appelait.

ANNIE-2

Lâche-nous avec ton Esmeralda! Tu t'es jamais approché à moins d'un pied d'une femme!

PITE

Elle avait des bijoux tout le tour du visage.

ANNIE-2

Toi, t'as des guirlandes tout le tour de la tête, vieux sapin!

MARTHE

Écoute-les pas se chamailler de même. Écoute-moi.

ANNIE-2

Tu dors, la mère. Tu dors pis tu souffres. Fa que. Dors pis souf-fre.

PITE

Une beauté, que je te dis! Une femme comme on en voit dans nos rêves.

MARTHE

Thomas.

ANNIE-2

Dans ta chambre, la mère.

PITE

Ta mère dort. Mais elle dort pas ben. Elle ferme sa porte de chambre pour pas qu'on l'entende râler.

MARTHE

Je râle pas. Je veux qu'il m'écoute.

PITE

Elle veut pas partager sa souffrance. Elle dit que sa souffrance est personnelle. Personnelle, privée. Elle se sent pus une personne, ta mère. La souffrance la prive de sa personne. Tu comprends-tu ce que je te dis? La souffrance la prive de sa personne.

Changement d'éclairage. Annie entre. Elle apporte un bouquet de fleurs.

ANNIE-2

Maudite marde!

PITE
Reste là, une minute.

ANNIE-2
La sacoche est revenue!

PITE
Annie est debout. Pus moyen de se parler entre hommes.

MARTHE
Oh, les belles fleurs!

ANNIE-2
Elle aurait ben pu apporter une boîte de chocolats à place!

Annie dépose le bouquet de fleurs sur la table à côté du sac d'épicerie.

ANNIE: Je t'ai apporté des fleurs. Je voulais t'apporter quelque chose d'important pour toi. Mais je me suis rendu compte que les dix années qui nous séparent m'avaient fait oublier ben des affaires. Pas tout. Mais. Les p'tits détails. Je me souviens pas des choses que t'aimais, Thomas. Je m'excuse.

PITE
Retourne te coucher, Annie. J'ai des choses à régler avec Thomas. Des choses d'hommes.

MARTHE
Écoute-la.

ANNIE: Tu l'aimes-tu, mon bouquet? Les fleurs sont belles, hein? Sens-les.

PITE
Laisse-nous donc parler.

ANNIE: Ils m'ont demandé de revenir. Hier, je leur ai dit qui t'étais. Mais là, ils veulent savoir si t'as perdu la mémoire ou ben si t'es juste fou. Fa que. Ça serait bon que tu parles, hein?

MARTHE
Elle est gentille.

ANNIE-2
Téteuse!

PITE
Elle est achalante. Depuis qu'elle est dans la maison, c'est pus comme avant.

ANNIE: Thomas. Tu te souviens-tu de la Nash? Tu sais, on allait là quand on se sentait mal dans la maison. Toi pis moi.

ANNIE-2
La Nash. La National Tavern.

ANNIE: Tu t'en rappelles-tu? On buvait de la bière, pis on écoutait de la musique, pis on parlait au monde. C'était notre grande sortie.

PITE
Laisse-la donc s'égosiller tu seule. Viens dans la cuisine avec moi.

ANNIE: Tu m'entends, hein? Je le sais que tu m'entends.

ANNIE-2
Une bière, deux bières, trois.

ANNIE: Je parle pas pour rien. T'es pas un mur. Ça entre en dedans de toi. Je le sais.

MARTHE
Ça entre.

32

ANNIE-2
Une bière, deux bières, trois.

ANNIE: La Nash, tu t'en rappelles. Comme je m'en rappelle, moi.

PITE
Laisse-la parler tu seule. Elles aiment ça, parler tu seules, les femmes. Mais il faut pas leur donner tes oreilles. Qu'elles se contentent du cœur, c'est ben en masse. Un cœur, ça se donne. Mais tes oreilles, t'es mieux de les garder.

ANNIE: Si j'entendais ta voix, je saurais peut-être comment te parler.

PITE
Un gars qui se promène sans ses oreilles, il se perd dans sa tête. Comme toi. T'es-tu perdu dans ta tête, mon Thomas? C'est à cause que t'as donné tes oreilles avec ton cœur. Pis tu sais pus comment écouter. Ça fait que tu parles pus.

MARTHE
Thomas, va falloir que tu trouves une manière de sortir d'où que t'es.

PITE
Comment tu vas faire si t'as pas d'oreilles?

ANNIE: Quand je t'ai vu pour la première fois. Tu t'en rappelles de la première fois. Quand on s'est rencontrés. T'étais.

...

PITE
T'étais sur ton trente-six.

ANNIE: T'étais le gars le plus *straight* à la Nash c'te soir-là. C'était la manière que t'étais habillé. Tu te pensais sur ton trente-six mais t'avais de l'air du gars qui compte ses trente-sous.

ANNIE-2
Regardez donc le beau *twit* qui vient d'entrer.

PITE
Je t'avais dit comment t'habiller pour impressionner les filles.

ANNIE: Je me suis dit, c'te gars-là, tout le monde va rire de lui pis il s'en rendra même pas compte. C'était peut-être cette innocence-là qui m'a séduite.

ANNIE-2
Le nœud de sa cravate est tellement serré qu'il a la face toute rouge.

PITE
Je t'avais prêté ma plus belle cravate.

ANNIE: Jusque-là, autour de moi, il y avait ou des p'tits culs qui voulaient rentrer dans mes culottes ou ben des vieux qui me pinçaient les fesses. Rien de ça me dérangeait. Dans ce temps-là. Des fesses, c'était un cul. Une manière d'être une fille pis d'avoir l'attention qu'une fille mérite.

ANNIE-2
M'as aller poser mes fesses devant lui. Guettez-y ben la tête. Elle va lui exploser drette sur les épaules.

ANNIE: Mais toi, c'était pas pour mes fesses que t'étais là. Si je suis allée vers toi, c'est parce que t'avais tellement pas de l'air à ta place, à la Nash.

ANNIE-2
Boum!

34

ANNIE: Je t'observais. Tu seul dans ton coin. À chaque fois que la *waitress* passait, tu levais la main comme à l'école. Mais elle faisait semblant de pas te voir. Si tu voulais de quoi, il fallait le dire. Le dire fort. Mais t'avais la langue dans ta poche avec tes clés pis ton portefeuille.

ANNIE-2
Deux bières!

PITE
Fais attention à qui tu parles. Y a toute sorte de monde dans ces places-là. T'es sûr que tu veux pas que j'y aille avec toi?

ANNIE-2
À la table du beau cravaté, là!

ANNIE: Je t'ai commandé une bière. Je suis allée m'asseoir drette à ta table. Tu te souviens-tu de ma face? J'étais ben maquillée.

ANNIE-2
Can I join you?

ANNIE: J'aimais me mettre en évidence. Je pensais que j'étais à vendre.

ANNIE-2
Tu me paies-tu la traite, mon beau?

ANNIE: La *waitress* est arrivée avec les bières. Toi, tu t'es battu avec ton portefeuille pour payer. T'as fini à quatre pattes à terre en train de ramasser tout ce qui était sorti de tes poches.

ANNIE-2
On dirait que tu viens de manger un bon coup dans la poche, mon chou.

ANNIE: Je me suis dit, il est à moi celui-là.

ANNIE-2
Une pâte à modeler.

ANNIE: J'avais jamais rencontré ça, moi, un homme qui attendait rien qu'à se faire prendre en main.

ANNIE-2
D'habitude les hommes ont rien qu'une chose en tête: prendre, prendre, prendre.

ANNIE: Je t'ai pris la main. Tu m'as tout donné pis j'étais la fille la plus heureuse du monde. T'étais mon homme dans ce temps-là. Tu t'en rappelles, hein?

ANNIE-2
Mon homme? *Fuck*! C'est pas ça. Je pensais être tombée sur une bonne affaire: un gars pas trop laid, tranquille, qui a une job *steady* pis qui me ferait pas chier. C'est tout. Tout ce que t'es pour moi, Thomas. Mais j'avais pas prévu que t'étais un maudit fils à maman. Toi, t'étais pas rien que dans ses jupes, t'étais quasiment dans ses p'tites culottes!

PITE
Du savon! Vite! Que je lui lave la bouche!

ANNIE-2
M'as te donner un lavement à l'eau de javel, toi!

PITE
Je sais pas ce qui me retient. La décence. Oui. Je sais vivre, moi. Je suis civilisé. Mes parents étaient pas des babouins.

...

ANNIE: Ta mère. Quand je suis arrivée chez vous avec mes affaires. Tu t'en souviens? Ta mère nous attendait. T'avais vidé mon appartement, chargé ton *truck*. Pis ta mère nous attendait, toute souriante, dans la cuisine.

MARTHE
Les voilà.

PITE
C'est pas une bonne affaire que tu fais là, Marthe.

MARTHE
C'est pour son bonheur.

PITE
Elle vient s'accoter avec lui dans ta maison. Ça annonce rien de bon.

ANNIE: C'était la première fois que je voyais ta mère sans son masque d'oxygène. Ça m'avait ben touchée. C'est que. On aurait dit qu'elle faisait un grand effort pour m'accueillir. Elle avait mis une belle robe. Elle s'était même maquillée.

ANNIE-2
Le beau comité d'accueil: le vieux croque-mort pis son clown débile. Regardes-y donc la face, à celle-là. Elle est épeurante. Arrêtez de sourire de même. J'ai l'impression que vous m'attendez pour le dîner pis que c'est moi le plat principal.

MARTHE
Ma fille.

ANNIE: Elle m'a appelée «ma fille». J'ai failli brailler quand j'ai senti ses bras autour de moi.

ANNIE-2
Beurre-moi pas avec ton *make-up*, la mère.

ANNIE: Mais elle s'est mise à tousser pis à tousser.

Marthe tousse sans arrêt.

ANNIE-2
Faites de quoi! Elle va me cracher un bout de poumon dans la face!

PITE
Marthe!

ANNIE: Elle est tombée sur une chaise. Pus capable de se trouver un souffle. Toi, tu rentrais avec une de mes boîtes. Tu l'as vue. T'as lâché la boîte drette là.

ANNIE-2
Hé! C'est mon *set* de vaisselle!

PITE
Va chercher son oxygène! Vite!

ANNIE: T'as couru dans la chambre. T'es revenu avec son masque pis sa *tank* d'oxygène.

ANNIE-2
Tout est cassé!

ANNIE: Moi, je ramassais ma vaisselle cassée dans l'entrée.

ANNIE-2
Sacrament!

ANNIE: Ça commençait pas sur un bon pied entre ta mère pis moi. Mais y avait quand même de la bonne volonté.

ANNIE-2
Tu l'as fait exprès!

ANNIE: En entrant chez vous, je me suis sentie comme la pauvre fille qui entre dans un château. Ta mère, c'était la reine, pis toi, t'étais mon prince. Moi, j'allais devenir une princesse.

ANNIE-2
Tu vas m'en acheter un autre pareil!

ANNIE: Je l'aimais ben, ta mère.

ANNIE-2
T'aurais quand même pu prendre le temps de déposer la boîte doucement sur la table.

ANNIE: J'y ai dit ben des affaires, à ta mère, que j'aurais pas dû lui dire.

ANNIE-2
Maudite hypocrite!

ANNIE: Aujourd'hui, je le regrette ben. Mais on peut rien changer du passé, hein? J'étais trop jeune pour ce qui m'arrivait, pour ce qui se passait dans la maison de ta mère.

Marthe respire bruyamment.

...

ANNIE: Pite pis moi, on était comme chien et chat.

PITE
Toi, là. Écoute ben. Tu passeras pas tes journées évachée devant la *tivi* pendant que Thomas est à l'ouvrage. Tu vas te ramasser, te trouver une job, faire de quoi de ta vie. T'es pus dans le Moulin à Fleur, fille. C'est pas le b.s. ici.

Annie-2 lui montre le doigt.

PITE
Insolente!

Annie-2 se met le doigt dans la bouche et le suce.

PITE
Vulgaire!

ANNIE: Je l'aimais pas. Il m'aimait pas. Mais on pouvait pas s'ignorer. La maison de ta mère était trop p'tite. Fa que. Après un bout. Pite, j'étais pus capable de le sentir. Pis ta mère qui agonisait. Ta mère. J'avais juste vingt ans.

PITE
Parasite!

ANNIE-2
Tes jours sont comptés, p'tit père. Toi pis ta collection de *Playboy*, vous allez bientôt devoir vous trouver un autre trou. Je peux te donner des adresses. J'en connais des nids de coquerelles qui seraient parfaits pour de la vieille crasse comme toi.

PITE
C'est pas une p'tite fantasse qui va me faire perdre ma chambre. Je la paie ma place, moi. Pis depuis longtemps. T'étais rien qu'une pensée cochonne dans la tête de tes parents quand j'ai pris ma place ici. Ça fait que.

ANNIE-2
Thomas va mettre son pied à terre.

PITE
Tu y as empoisonné l'esprit avec tes médisances, hein? Que c'est que tu manigances? Rien de bon, certain. Mais, tu vas voir, Marthe va remettre son fils sur le droit chemin.

ANNIE-2
Marthe est mourante! Pis ça fait assez longtemps qu'elle nous meurt dans la face un p'tit peu plus à chaque jour. Elle va aller mourir à l'hôpital! Pas dans la maison, ici!

PITE
Que c'est que tu dis là?

ANNIE-2
On peut pus la garder. Elle est trop malade. C'est pus vivable pour nous autres!

PITE
On peut pas la laisser tu seule à l'hôpital.

ANNIE-2
Tu te prendras une chambre à côté de la sienne, d'abord. Qui sait, ils vont peut-être te trouver une maladie grave à toi itou! Pis d'une pierre deux coups!

PITE
Ça se passera pas de même.

ANNIE-2
Thomas a décidé de me donner raison.

PITE
Pas Thomas. Il ferait pas ça à sa mère.

ANNIE-2
Braille dans ton café, le vieux. Braille. Radote tant que tu veux. T'es sur tes derniers milles. J'ai ben hâte de te voir sortir d'ici avec ta p'tite valise de p'tit monsieur pogné.

PITE
Toi, là!

Elle remet son casque d'écoute et veut mettre en marche le baladeur.

...

ANNIE: Je devrais pas continuer. Ces souvenirs-là ont rien de bon. Je suis ben, aujourd'hui. Je suis heureuse. J'ai pas besoin de me rappeler des vieilles histoires. Si tu me parlais, je me sentirais moins seule. Ça ferait peut-être moins mal de me souvenir de ces choses-là.

MARTHE
C'est-tu vrai? Thomas veut pus de moi dans la maison? Je dérange?

PITE
Tu déranges pas, Marthe. C'est la p'tite maudite qui brasse de la marde.

MARTHE
Pourquoi Thomas veut me placer à l'hôpital? Pourquoi?

PITE
Pourquoi, mon Thomas? Pourquoi c'est faire que t'as accepté ça? Ta mère veut pas finir à l'hôpital, juste une grande souffrance. Plus grande qu'elle. Juste une grande souffrance. Pis elle a pus sa tête. Pis elle a pus le cœur. Bourrée de pilules contre la douleur. Branchée sur une machine. Pas vivre, ça.

MARTHE
Thomas?

PITE
Mourir de même, c'est pas digne. C'est mourir comme un numéro. Pus d'âme. Un numéro illuminé par une machine. Pas un numéro, ta mère. La mère est plus qu'un numéro.

MARTHE

Annie a peut-être raison.

PITE

Ça comprend rien à la vie, pis ça parle de la mort.

MARTHE

Je suis peut-être mieux d'aller à l'hôpital, comme elle veut. Je suis finie. Depuis des mois, j'arrête pas de rêver à ma mort. Ça m'obsède. Parce que j'ai trop mal. Mais l'hôpital me fait tellement peur.

PITE

T'iras pas à l'hôpital, Marthe.

MARTHE

J'aimerais mieux mourir ici, dans mon lit, avec Thomas à côté de moi. Mourir en douceur. Comme je le veux. Mourir avec encore de la vie dans les yeux.

PITE

C'est pas pour tu suite.

MARTHE

Faut que je laisse Thomas vivre sa vie. Là, il est pogné entre moi pis Annie. C'est moi qui devrais me retirer. Mais je me vois pas à l'hôpital. Je me vois nulle part. On devrait pouvoir choisir l'heure de sa mort. Surtout quand on est malade comme moi.

PITE

Je vas lui parler.

Pite s'approche de Thomas.

PITE

Écoute, mon Thomas. La vie sort de la mère. La mère. C'est la

vie. Oublie-le pas. Sans mère t'es pas. Tu peux pas être. Ça fait
que garde-la proche de toi, le plus longtemps possible.

...

ANNIE: Des fois, je me dis que tout ce qui nous est arrivé,
c'est à cause de Pite. Il se mêlait jamais de ses affaires. J'ai jamais
trop compris ce qu'il venait faire dans la maison de ta mère. Il
était même pas son *chum*.

PITE
Marthe m'accepte pour ce que je suis vraiment. Sans sermon, sans
attente. C'est pour ça que j'aime Marthe.

ANNIE: Il était rien qu'un vieux cochon qui passait son
temps à regarder des *Playboy*!

PITE
Je les lis. J'achète des *Playboy* pour la lecture. Je lis les images. Les
images, ça mord pas.

ANNIE: Il aurait ben pu aimer ta mère comme il faut au lieu
de se rincer les yeux sur des photos de femmes nues. Ta mère
avait ben besoin d'amour.

PITE
J'ai aimé ta mère. Je l'ai aimée comme il faut. Comme pas un
homme a pu aimer une femme.

ANNIE: C'est à cause de Pite si t'es dans cet état-là, aujour-
d'hui. C'est à cause de lui si t'as traîné Dieu sait combien d'années à Toronto à vivre dans les poubelles des autres. C'est parce
qu'il s'est improvisé père avec toi, parce que t'as pas eu de vrai
père à toi.

PITE
Dans l'ancien temps. Pas hier. Dans le temps reculé. Les enfants
avaient pas de père. Lu ça dans un livre. Pas de père. Rien que des

mères. Parce que l'homme savait pas. Savait pas son rôle dans la reproduction de l'espèce.

ANNIE: Je revois Pite.

PITE
L'espèce, c'est nous autres.

ANNIE: Je l'entends presque.

PITE
Tout nous autres. Une espèce.

ANNIE: Il arrêtait jamais de parler.

PITE
L'homme, il le sait pas plus aujourd'hui, son rôle. Il s'invente des machines parce qu'il est pas sûr. Il le cherche dans les machines, son rôle.

ANNIE: Il disait qu'il avait fait tous les métiers. Pour moi, il avait jamais travaillé un traître jour de sa vie.

PITE
Belle effrontée! Jamais travaillé, moi? Moi?

ANNIE: Il nous racontait ses supposés voyages autour du monde.

PITE
Je suis allé en Afrique, moi. Dakar, Abidjan. Quand j'étais sur un bateau. Vu du monde noir comme du charbon. Cape Town. Allé en Chine, Shanghai. Au Japon, Tokyo. Vu des Jaunes, une masse de Jaunes qui grouille sur les quais. Allé dans les vieux pays, l'Europe. Amsterdam, Hambourg. Toutes sortes de langues dans les oreilles. Toutes sortes d'accents.

ANNIE: Pite. C'était rien qu'un pissou. Il était ben bon pour donner des conseils, il avait une opinion sur tout. Mais, dans le fond, il savait rien faire.

PITE
Trimpe! T'es rien qu'une ignorante! Arrête donc de faire du vent avec ta langue!

ANNIE: Ta mère aurait dû le mettre dehors. Il était ni son mari ni ton père.

PITE
Mon Thomas, je sais pas pourquoi tu t'es entiché d'une fille pareille.

ANNIE: Il pouvait ben te prendre pour son fils.

PITE
M'as te donner un conseil.

ANNIE: Il était rien qu'un vieux garçon.

PITE
Laisse-la tomber.

ANNIE: Rien qu'un maudit vieux cochon!

PITE
Elle est pas bonne pour toi.

ANNIE: Tu l'écoutais trop.

PITE
J'en ai vu des filles comme elle partout dans le monde! Des filles qui rôdent autour des hommes seuls pour leur faire les poches!

ANNIE: Il connaissait rien aux femmes!

PITE
Dans tous les ports, des guidounes comme elle.

ANNIE: Il me traitait de tous les noms!

PITE
Guidoune!

ANNIE: Que c'est qu'il pouvait ben connaître aux femmes?
On est pas des images dans les *Playboy*!

PITE
Dans tous les ports. Mais pourquoi t'as donné ton cœur à celle-là?

...

ANNIE: Rien. T'as toujours rien à dire? C'était peut-être pas
une bonne idée de commencer par là. T'as raison de garder le
silence là-dessus. Que c'est qu'on peut en dire vraiment? On a fait
ce qu'on a fait. Des erreurs, peut-être. Mais.

Silence.

ANNIE: Comment t'as fait pour aboutir à Toronto? Ça fait
depuis combien d'années que t'es ici? Que c'est que t'as fait? T'as
pas toujours vécu dans la rue, hein? T'avais une job pis tu l'as
perdue? C'est-tu ça? Une malchance? Parle-moi de ta vie à Toronto. J'aimerais comprendre.

Silence.

ANNIE: Ça va faire, là. Assez niaisé. Tu veux-tu me parler,
oui ou non?

Silence.

ANNIE: O.K., d'abord. Je vas leur dire que t'as perdu la mémoire. C'est pas plus compliqué que ça. T'as tout oublié. C'est pour ça que tu parles pas. Pour ça que tu comprends rien de ce que je te dis. Tu me reconnais même pas. Fa que. Fa que... J'ai pas besoin de te dire au revoir, hein? Je te dirai pas que ça a été ben le *fun*. Mais. C'est fatigant de parler à quelqu'un qui répond pas.

Sortie d'Annie. Changement d'éclairage.

MARTHE
Annie! Pars pas! Il t'a reconnue! Il a pas oublié!

ANNIE-2
Hon! Elle a oublié son bouquet de fleurs.

PITE
On reprend comme avant. Viens t'asseoir près de moi. C'était pas vraiment Annie.

MARTHE
C'était elle. La bonne. La vraie. Annie.

ANNIE-2
Une mauvaise imitation.

MARTHE
Thomas, tu le sais que c'est elle. Pis tu le sais pourquoi elle est venue te voir. Tu t'en rappelles de tout.

PITE
Achale-le pas avec ça. Il va faire une crise pis cherche ce que les spécialistes ici vont lui donner pour le calmer.

ANNIE-2
Ils pourraient l'électrocuter.

MARTHE
Thomas. Les yeux que t'as vus, y a une semaine, sur le coin de
Yonge Street. Les yeux qui t'ont tant fait peur.

PITE
Du calme, Marthe.

MARTHE
Ces yeux-là sont liés à toute ton histoire avec celle qui vient de
partir.

ANNIE-2
Arrête de le frapper avec le bâton que l'autre a laissé tomber en
sortant.

PITE
Il est ben là. Ben avec nous autres.

MARTHE
Moi, je suis pas ben avec lui. Parce qu'il fait semblant. Semblant
de pas parler, semblant de pas se souvenir. Il veut se mentir à lui-
même, pis je l'aiderai pas à faire ça.

ANNIE-2
Fais donc quelque chose pour l'arrêter.

PITE
Laisse-le oublier.

MARTHE
Thomas. Écoute-moi. Écoute. Je suis ta mère. Tu peux ben refu-
ser de l'écouter, elle. Mais moi.

PITE
Laisse-le.

MARTHE

C'est sûr qu'elle t'a fait mal. Ben mal.

ANNIE-2

À chaque fois qu'elle revient ici, elle continue de lui faire mal.

PITE

Marthe. Parles-y donc de tes rêves de fumée de cigarette.

MARTHE

J'ai rêvé à ma mort. Pis je l'ai réalisé, mon rêve. Pour toi. Pis elle.

ANNIE-2

Plantes-y donc une cigarette dans la bouche, qu'elle se la ferme.

MARTHE

Je suis morte pour que tu réalises ta vie, le rêve de ta vie.

PITE

Il veut pas l'entendre, ça.

MARTHE

Thomas, je suis morte pour toi.

ANNIE-2

T'es pas assez morte, la mère. T'as dû manquer ton coup.

MARTHE

Toi, ferme-la!

ANNIE-2

Ah, ben!

PITE

Pognez-vous pas, vous autres deux. Des batailles de femmes, y a rien de pire.

MARTHE

Colle-toi les yeux dans ton *Playboy*, Pite. Pis l'autre, bouche-toi les oreilles. Moi, je laisserai pas mon enfant sombrer dans la folie. Je le laisserai pas mourir. Je vas te sauver, Thomas. Te sauver de toi-même.

ANNIE-2

Elle pourrait pas faire une crise de toussage, là?

...

MARTHE

J'avais décidé. J'ai dit.

PITE

Marthe.

ANNIE-2

Shit!

MARTHE

J'ai pris ma décision. C'est décidé. Dans une semaine. Samedi prochain. C'est décidé. Je veux mourir samedi prochain.

ANNIE-2

Meurs donc, tout de suite!

PITE

On n'a pas d'autre choix que de suivre. Thomas a donné ses oreilles à Marthe. Elle va le ramener dans sa douleur.

ANNIE-2

C'est toujours les morts qui ont le dernier mot.

Silence.

MARTHE

T'as-tu entendu ce que je viens de te dire? Je veux mourir samedi prochain.

Silence.

MARTHE

Je dors pus. Je rêve même pus. Je fais rien que penser à toutes les cigarettes que j'ai fumées durant ma vie. Je me vois. La cigarette entre les doigts, entre les lèvres. Pis après chaque poffe qui entre, je sens de quoi qui s'étouffe un peu plus en moi. Tu sais, je pense que j'ai fumé toute ma vie pour étouffer la p'tite voix fatiguée qui, trop souvent, en pouvait juste pus. Une p'tite voix qui me disait de tout laisser là pis d'aller me coucher. Dormir. Mais pas dormir. Mourir. J'ai fumé pour me garder en vie, si tu peux croire ça. Pour me garder en vie. Mais là, aujourd'hui, j'ai juste des cendres en dedans de moi. Des cendres de cigarettes. Pis la p'tite voix a finalement gagné. J'ai jamais pu l'étouffer complètement.

PITE

Comment tu vas annoncer ça à Thomas? Il l'acceptera pas. Jamais.

MARTHE

Il va comprendre. Il y a rien que la mort qui peut me délivrer de mon mal. Pis c'est toi, Pite. Tu vas m'aider à mourir.

PITE

Moi?

MARTHE

J'ai pensé à tout. Des mois que je me sens coupable d'y penser. Le bon Dieu pardonne-tu à ceux qui s'enlèvent la vie?

PITE

Ton temps est pas venu, Marthe.

MARTHE
Si je suis pus là, Thomas pis Annie pourront être heureux.

PITE
Ah, celle-là! Elle l'a ben enfirouapé! J'y avais pourtant dit de se méfier d'elle!

MARTHE
Il l'a choisie.

PITE
Il a ben mal choisi.

MARTHE
Moi, j'ai rien que la mort devant moi. Thomas, lui, a toute sa vie. Avec Annie. Ça fait que. Tu vas m'aider?

PITE
Je vas t'aider à vivre.

MARTHE
C'est les médicaments qui me gardent en vie. Y a même pas assez d'oxygène dans l'air pour moi. Ben vite, je vas être sous une tente, des tubes partout dans le corps. Je vas être morte, mais personne va me laisser aller à ma mort. Ça fait que. Tu pourrais m'aider, Pite. Tu pourrais.

PITE
J'ai tout fait dans la vie. Sauf ça.

MARTHE
Je peux pas le faire tu seule. J'ai besoin d'aide parce que. Parce que. Je suis pas assez forte.

PITE
C'est correct.

...

ANNIE-2

Viens, Thomas. On sort. À la Nash. Ce soir. De la bière, de la bière pis de la bière. Une, deux. Trois! Rien que de la bière!

PITE

C'est indécent! Elle l'a entraîné à l'hôtel! Il devrait rester ici avec toi!

MARTHE

Il doit obéir à sa femme.

PITE

Aussitôt qu'elle l'a su! Elle a pris la porte! Elle a trop hâte de fêter ta mort, Marthe!

MARTHE

Elle est jeune. Les jeunes d'aujourd'hui ont pus de religion. Ils savent-tu la valeur de la vie? De toute manière, elle a peut-être raison de se réjouir. J'ai fait mon temps.

ANNIE-2

Fais pas c'te face de carême-là.

PITE

Pauvre Thomas.

MARTHE

J'ai décidé.

ANNIE-2

J'ai besoin de boire à soir, moi. Une bière, deux bières, trois! Toute une caisse de vingt-quatre! C'est pas pour arroser la mort de ta mère. C'est ben plus pour noyer de quoi en dedans de moi. Noyer ça comme il faut.

PITE

Trimpe! Alcoolique!

Silence.

ANNIE-2

Je suis enceinte!

Silence.

ANNIE-2

Ça fait une semaine que je le sais. Une semaine que je jongle avec ça dans mon ventre. Certain que je suis pas contente. Contente de quoi? J'ai pas été assez fine pour faire attention. Quoi je vas faire, là? Je suis toujours ben pas pour l'avoir.

Silence.

ANNIE-2

Je veux pas que tu le dises à ta mère. Ni à Pit. Parle de ça à personne. Ça reste entre toi pis moi. Parce que. Parce que je le sais pas quoi faire. Un enfant, c'est trop. J'en veux pas. Je suis pas prête pour. C'est pas pour te faire mal. C'est comment je me sens. Toi, tu voudrais que je le garde? Mais. Je serai pas capable de porter ça en dedans de moi pendant des mois. Toi, tu passes tes jours dans la mine. Tu sais pas ce que c'est que de vivre enfermée dans une maison avec du monde qui t'aime pas.

Silence.

ANNIE-2

Au moins, ta mère va s'en aller. Mais Pite, il va-tu rester? Si je décide de le garder, c'est pas pour empêcher ta mère de se tuer. Elle a choisi son heure. C'est pas à nous autres de lui faire changer d'idée. Elle s'en pose pus de questions. Elle sait ce qu'elle a à faire. Moi, je le sais pas quoi faire. J'ai une grosse question dans le ventre. Une maudite grosse question.

Silence.

ANNIE-2

Si ta mère meurt samedi prochain. Si Pite fait de l'air après. Si tu promets de tout faire pour moi. Je pourrais, peut-être, le garder, le p'tit. Je pourrais. Pour toi pis moi. Rien que pour toi pis moi.

Entrée d'Annie. Changement d'éclairage.

MARTHE

Elle est revenue.

ANNIE: J'ai pas été capable. Je voulais sortir pis me laisser ensevelir par la foule pis le bruit. Mais. Je suis tombée à genoux devant la porte, la main sur la poignée.

MARTHE

C'est correct. Ça va aller mieux.

ANNIE: T'es trop en dedans de moi pour que je te laisse comme ça.

ANNIE-2

Fille, tu prends une indigestion pour du remords. Va-t'en!

PITE

Fais de l'air.

ANNIE: Je peux pas croire que tu te rappelles de rien. Tes yeux mentent pas. Si tu parles pas, c'est juste parce que tu veux m'entendre t'expliquer ce que t'as jamais pu comprendre.

Thomas tourne le dos à Annie et se dirige vers les autres.

ANNIE: Où tu veux aller? On est entre quatre murs. Quatre murs. Pas de place où aller.

PITE

T'es dans la mine, mon Thomas.

56

ANNIE: T'es en train de me descendre avec toi dans le trou de la mémoire où c'est que nos mauvais souvenirs sont tous effacés. Mais. *Undelete.* Comme sur un ordinateur. *Undelete.*

ANNIE-2
Efface!

PITE
Dans un trou noir pis frette. Pas de sorties. Juste la cage qui t'a descendu ici. T'es dans le ventre de la terre.

ANNIE: Il y avait des jours, dans le temps, où je voulais te parler, mais t'étais à l'ouvrage, mille pieds sous terre.

ANNIE-2
T'étais ben trop contente.

ANNIE: C'est comme ça aujourd'hui. T'es dans la mine.

PITE
C'est dur de descendre là-dedans.

ANNIE: Chaque jour que tu travaillais, j'avais peur pour toi.

ANNIE-2
Voyons donc!

PITE
C'te peur du diable, elle reste avec toi. Mais faut apprendre à vivre avec.

ANNIE: Je pensais qu'à n'importe quel moment donné, ça pouvait te débouler sur la tête. Je t'imaginais pogné là, encore vivant, pendant qu'en haut, ils arrêtaient de te chercher.

ANNIE-2
De quoi tu parles?

ANNIE: Moi, j'aurais jamais arrêté de te chercher. J'aurais même creusé avec mes mains nues pour te retrouver, te sortir de là.

ANNIE-2
J'aurais pas pris le risque de me casser un ongle.

ANNIE: Mais, à un moment donné, pour me donner le courage de continuer, j'aurais eu besoin d'entendre ton cri. Un p'tit cri venu du fin fond de la terre.

ANNIE-2
J'aurais pleuré mon seau de larmes comme toutes les bonnes femmes qui perdent leur mari pis j'aurais empoché l'argent de l'assurance-vie.

ANNIE: Pousse un cri!

PITE
Dans la mine, tu fermes ta yeule pis tu fais ta job.

Silence.

ANNIE: Tu vois ben que ça me fait mal. Dis donc quelque chose.

ANNIE-2
Bye-bye!

Silence.

ANNIE: Laisse-moi pas tu seule avec ton silence.

Silence.

ANNIE: Que c'est que t'attends de moi?

Silence.

ANNIE: Tu sais, quand je pense à toi, ça se passe partout en moi. T'es sous ma peau. Dans ma bouche. Dans mon nez. Dans mes oreilles. Dans mes yeux. Pleins de souvenirs endormis. Je me souviens de ta main dans ma main. Ta main hésitante qui se glisse sous mon t-shirt, qui caresse mon ventre. Tes doigts qui se faufilent entre mes cuisses si doucement, si tendrement.

ANNIE-2
Une main cochonne!

ANNIE: Une main amoureuse.

ANNIE-2
Même différence!

ANNIE: Tes lèvres sur mes lèvres. Le goût de ta bouche dans ma bouche. Un goût frais, pur. Sur mes lèvres, il y a encore la sensation brûlante de tes baisers.

ANNIE-2
C'est sa barbe qui m'érafle tout le tour de la bouche!

ANNIE: Dans mes narines, ton odeur. Un parfum d'innocence. Le printemps.

ANNIE-2
Son *after-shave*!

ANNIE: Ta voix caresse toujours mes oreilles. Tes mots doux sont un velours.

ANNIE-2
Des niaiseries braillardes!

ANNIE: Ton image danse sur mes pupilles.

ANNIE-2
Tache noire!

ANNIE: Où je suis, là? J'ai réveillé tout ce qu'y avait de toi qui dormait en moi. Depuis dix ans, tu dors dans mon corps. C'est peut-être pour ça que j'ai de la misère à dormir depuis dix ans.

ANNIE-2
Prends de quoi. Double la dose. Ferme les yeux. Pis rêve à autre chose.

ANNIE: Tu sens rien, toi? Rien, hein? Moi, je suis pleine de vieilles sensations de toi. Pis toi, t'es vide. Vide de tout. Même de moi. Vide, câlice! Laisse-moi pas de même. Je peux pas vivre comme ça. Je pourrai pus jamais dormir. T'es réveillé en moi. Dis quelque chose!

ANNIE-2
Ramasse ta sacoche pis tes fleurs.

PITE
Il a pas besoin de toi.

ANNIE: Par ton silence, tu veux me juger?

MARTHE
Il sait pas quoi te dire.

ANNIE: J'en ai assez dit. Là, c'est à ton tour, Thomas. J'ai parti le bal. À toi maintenant. Je peux pas tout dire. Je suis pas ici pour une confession. C'est une conversation que je veux. Thomas?

Silence. Annie gifle Thomas.

...

PITE

Tu l'as entendue, c'te nuit? Elle hurlait quand ils sont rentrés. Soûle comme une botte. Elle crachait des insultes contre nous autres pour nous réveiller. J'ai failli me lever pis l'apostropher comme il faut.

MARTHE

Thomas est parti travailler?

PITE

Comme d'habitude. Il manquerait pas une journée. C'est pas lui qui boit. C'est elle.

MARTHE

Parle pas si fort. Tu vas la réveiller.

PITE

Elle est déjà debout. Je l'ai entendue vomir dans la toilette tantôt. Quand tu bois trop, le lendemain, tu paies pour.

MARTHE

Pauvre p'tite.

...

ANNIE: Dans le temps, tu parlais pas gros mais, au moins, tu parlais. On avait des choses à se dire. J'ai peut-être encore besoin de tes mots aujourd'hui.

MARTHE

Que c'est qui va pas, Thomas? Depuis que t'es rentré de l'ouvrage, t'as la face longue. C'est-tu à cause de moi? À cause que j'ai décidé d'arrêter de me battre contre ma maladie? Sois pas triste pour moi. C'est ma décision. C'est mon sacrifice. Pour toi pis Annie. Tu t'es assez sacrifié pour moi. C'est assez, là. C'est pas aux enfants de tout sacrifier pour leurs parents. Dieu le Père nous a donné son Fils pour qu'il meure pour nous. Mais sacrifier son enfant, ça donne quoi? La Sainte Vierge a dû en brailler un coup sur les souffrances pis la mort de son fils. Je suis sûre qu'elle voulait souffrir pis mourir à sa place. Si elle l'avait fait, Dieu le Fils aurait continué à vivre parmi nous, il aurait eu des enfants. Dieu serait une réponse à nos questions dans la vie, pas dans la mort. Vis ta vie, Thomas. Laisse-moi mourir. Pleure pas. Je veux pas que tu pleures. Je le sais que tu m'aimes. Aimer, c'est accepter de donner un bout de sa vie à une autre personne. Je t'ai aimé en te mettant au monde. T'as retourné mon amour pis tu m'as donné un bout de ta vie. Mais quand je vas mourir, c'te bout de vie-là, je vas te le redonner. Tu vas avoir plus de vie après. Plus de vie. Pis peut-être que c'te plus de vie-là va faire la différence avec Annie.

ANNIE-2
Tu m'aimes.

...

ANNIE: J'attends une réponse de toi, comme on attendait dans la maison de ta mère, toute la semaine avant sa mort. Plus on approchait du samedi, plus la tension montait.

ANNIE-2
T'as hâte, hein? T'as hâte d'y faire avaler ses pilules?

PITE
Ferme-la!

ANNIE-2
Tu peux ben te cacher derrière tes *Playboy*! Vautour!

PITE
Charogne!

62

MARTHE
Baissez le ton. Je voudrais finir dans la paix.

ANNIE: Thomas.

PITE
T'es-tu vraiment enceinte?

ANNIE-2
De quoi tu parles?

PITE
Vous aviez beau chuchoter dans votre chambre, j'ai tout entendu.

ANNIE-2
C'est rendu que t'écoutes aux portes?

PITE
Démone! C'est encore une autre de tes idées pour tout briser ce qu'il y a de bon dans la maison.

ANNIE-2
Pite-pite-pite-pite!

PITE
Écoute-moi ben, fille.

ANNIE-2
Je suis pas ta fille.

PITE
T'es pas enceinte!

ANNIE-2
Je dégueule pas à tous les matins pour le plaisir.

PITE
C'est pas Thomas, le père!

ANNIE-2
C'est lui! Pas un autre!

PITE
Le plus vieux truc des putes comme toi qui veulent se faire une place respectable: elles se font faire un p'tit.

ANNIE-2
Tu sais tout, toi!

PITE
Sangsue!

...

MARTHE
Je le sais que c'est dur, Thomas. En restant là avec toi, dans le silence, elle te fait revivre toutes les affaires qui se tiraillent en dedans de toi. Mais. Tu peux pas y échapper. Elle non plus. Vous êtes deux morceaux manquants d'un gros casse-tête. Mais c'est pas clair comment ça s'emboîte comme il faut.

ANNIE: Assez! Détourne-toi pas! (*Elle lui saisit le menton.*) Regarde-moi! Regarde! Les yeux! Ferme-les pas!

MARTHE
Quelqu'un a planté ses yeux dans tes yeux. Sur un coin de Yonge Street.

ANNIE: (*Elle lui met la main sur la bouche.*) Ouvre la bouche! Bouge les lèvres! Parle!

MARTHE
C'est à cause de ces yeux-là que tu refuses de parler.

ANNIE: (*Elle lui tire les oreilles.*) Tu m'entends-tu? Thomas!

MARTHE
C'est pour fuir ces yeux-là que t'es allé marcher sur la ligne jaune.

ANNIE: Thomas! Thomas! Thomas! (*Elle le secoue violemment.*)

MARTHE
Avec l'espoir de te faire frapper.

Annie se calme après un temps et serre la tête de Thomas contre sa poitrine.

MARTHE
Sur un coin de Yonge Street. Toute ta vie a défilé devant toi. En toi. T'as repassé les dix années sur les trottoirs de Toronto avec ton p'tit sac d'épicerie. Dans ton ventre, la même faim. Dans les os, le même froid. Toutes tes misères pis tous tes malheurs. Replié cent fois, mille fois dans ton histoire. Cent fois, mille fois, t'as parlé tout seul. Cent fois, mille fois, t'as suivi des filles qui ressemblaient à Annie. Cent fois, mille fois.

Annie se détache de Thomas.

ANNIE: Tu veux-tu savoir pourquoi je reste ici avec toi?

MARTHE
Elle voit, elle entend les mêmes affaires que toi. Vous êtes l'un dans l'autre. Ça fait que dis-y quelque chose.

Silence.

ANNIE: Tu joues avec moi. Ça t'amuse de me voir angoissée devant ton silence? Je suis ici pour t'aider. Tu pourrais faire un effort pis t'ouvrir un peu. On va le franchir à deux, le silence qui nous sépare.

Annie s'avance vers Thomas. Elle lui met une main sur l'épaule, se penche et l'embrasse, incertaine, sur la bouche.

Silence. Elle recule, s'éloigne.

...

ANNIE: Tu te souviens de la journée quand je suis partie? Tu te souviens du samedi quand ta mère est morte? Tout s'est décidé cette journée-là.

PITE
Tu devrais peut-être aller voir ta mère. Dans sa chambre, ça sent la mort à plein nez. Mais. Va y parler. Va la convaincre de renoncer à mourir aujourd'hui. Parce que moi, je suis pas sûr d'être capable de l'aider à faire ça.

MARTHE
Thomas, je t'ai dit tout ce que j'avais à te dire. Ça sert à rien de se dire plus de mots. C'est rien que du vent sur des cendres froides.

ANNIE-2
Va travailler, sinon je me fais avorter!

PITE
J'ai dit oui à ta mère. Mais je pensais pas qu'on se rendrait là. Je pensais. Je voulais que tu la sauves. Sauve-la.

ANNIE-2
Descends dans la mine comme tu le fais à tous les jours.

MARTHE
Descends dans la mine.

PITE
Empêche-moi de l'aider à mourir.

Silence.

ANNIE: Je vas perdre une deuxième journée d'ouvrage à cause de toi. La deuxième. Je peux pas en perdre plus. Sinon ils vont me congédier. Ma job, c'est ben important pour moi. M'as perdre plus que ma job, si je pars d'ici sans avoir entendu ta voix.

Silence. Changement d'éclairage.

ANNIE-2
Il est-tu parti travailler?

PITE
Il vient de partir.

ANNIE-2
Il a enfin compris de quoi. Ça a pris une nuit sur le sofa. Ça a pris ce que ça a pris.

PITE
T'avais pas d'affaire à le faire dormir sur le sofa, le pauvre gars. Un homme qui travaille, ça lui prend son sommeil.

ANNIE-2
Il dormira mieux ce soir.

PITE
Ouin. Tu seras pus dans la maison.

ANNIE-2
Dream on.

PITE
Pourquoi tu l'as menacé de te faire avorter?

ANNIE-2
Chrisse, toi!

PITE

Tu peux rien me cacher. Je te connais mieux que toi-même.

ANNIE-2

Il voulait lâcher sa job pour sa mère. Trop, c'est trop. Moi, là-dedans, je suis quoi?

PITE

Une égoïste!

ANNIE-2

Il veut tout faire pour elle.

PITE

Elle a tout fait pour lui.

ANNIE-2

Moi, je mettrai pas au monde un enfant dans la misère. Je veux pas faire vivre à mes enfants mon calvaire à moi. Mes enfants, ils vont avoir des chances dans la vie.

PITE

T'auras jamais d'enfants. T'es pas une mère. T'es un monstre. Rien de vivant peut sortir de ton ventre.

ANNIE-2

Je mettrai pas au monde un enfant pour un père qui s'en sacre. Je suis pas Marthe, moi. Je suis pas une belle dinde qui se sent obligée de traîner un p'tit dans la pauvreté toute sa vie parce qu'un gars est pas capable de prendre ses responsabilités après avoir baissé ses culottes. Fa que!

PITE

C'est toi qui lui as fait baisser ses culottes!

ANNIE-2

Fuck you!

Annie-2 remet son casque d'écoute.

PITE
Maudite sans-cœur!

...

MARTHE
Annie!

Silence.

MARTHE
Annie!

PITE
Elle va prendre la porte!

MARTHE
Annie! Faut que je te parle avant. Laisse-moi te parler avant de. Je partirai pas avant de t'avoir parlé.

PITE
Non, non, non. Pas comme ça. T'as pas d'affaire ici.

ANNIE-2
Touche-moi pas.

MARTHE
Pite! Ça suffit! Lâche-la! Va-t'en dans la cuisine. Attends. On a besoin de se parler entre femmes.

PITE
Ça te donnera rien.

MARTHE
Va!

PITE

C'est à Thomas que tu devrais parler. Pas à elle. Thomas devrait être ici avec toi.

MARTHE

Attends dans la cuisine. Je vas te le dire quand je vas avoir besoin de toi.

PITE

Marthe.

MARTHE

Arrête de te mettre entre moi pis mon fils.

PITE

Je me mets entre toi pis elle.

MARTHE

Tu comprends rien de ce qui se passe ici. T'as jamais rien compris. Parce que tu voulais pas comprendre. Tu pouvais pas. Ça te dépasse. Ça fait que. Arrête de jouer au père de famille. T'es un chambreur dans ma maison. Tu sais ta place! Prends-la!

Pite se retire.

ANNIE: J'ai fait une promesse à ta mère avant qu'elle meure. Une promesse que j'ai pas pu tenir. Mais. Je voudrais me racheter.

MARTHE

Avance plus proche. Je te mangerai pas.

ANNIE-2

Vous sentez pas bon.

MARTHE

Je sens la mort.

ANNIE-2
Ça doit être ça.

MARTHE
Tu penses-tu que c'est à cause de toi que je vas me tuer aujour-
d'hui? Tu dois penser ça, hein?

ANNIE-2
Je m'en sacre ben si c'est moi la cause.

MARTHE
Pite te blâme, lui. Il voit rien de bon en toi. Rien qu'une fille sans
rédemption.

ANNIE-2
Je sais pas ce que ça veut dire.

MARTHE
T'es une pécheresse.

ANNIE-2
Une guidoune, vous voulez dire?

MARTHE
Moi, je te comprends. T'es une fille dure parce que t'as eu une vie
dure. As-tu déjà été aimée? Je pense pas. Tes parents méritaient
probablement pas ton amour. Les autres.

ANNIE-2
Pas besoin d'une leçon de morale, là, moi.

MARTHE
Thomas t'aime, lui.

ANNIE-2
Ouin.

MARTHE

Tu le sais pas ce que c'est, hein?

ANNIE-2

Dites-moi ce que vous avez à me dire. Qu'on en finisse au plus sacrant.

MARTHE

Prends soin de Thomas. C'est mon enfant. Je sais ben qu'il est assez vieux pour voir à son bonheur. Mais. Un enfant, ça reste un enfant. Abandonne-le pas. Jamais.

ANNIE-2

Oui, oui.

MARTHE

Promets-le-moi.

ANNIE-2

C'est promis.

MARTHE

L'enfant que tu portes va te sauver, ma fille. Mets-le au monde. Donne-lui une chance. Il va t'obliger à te donner à lui. Pour rien en retour. Parce qu'il faut. C'est comme ça que tu vas découvrir ce que c'est que l'amour.

ANNIE-2

Fuck you! C'est-tu fini, le *talk*?

MARTHE

Fais-toi pas avorter.

ANNIE-2

Y a pas de murs dans cette maison-ci?

MARTHE
Je suis passée par la même place que toi.

ANNIE-2
Moi, je finirai pas comme vous!

Marthe se met à tousser.

PITE
Viens ici, toi!

ANNIE-2
Que c'est que tu veux?

PITE
Combien ça te prend? Envoye, fais pas l'innocente. Dis-moi combien ça te prend pour descendre à Toronto.

ANNIE-2
J'en veux pas de ton argent. Va y donner ses pilules pis arrête de m'écœurer! Après, tu t'achèteras un billet aller simple pas de retour pour n'importe où. Trouve-toi donc un maudit bateau pis reviens pus jamais ici.

PITE
Cent? Deux cents piastres?

ANNIE-2
Fuck you!

PITE
T'as tout brisé ici d'dans. Attends-toi pas à trouver le bonheur dans les décombres.

ANNIE-2
Je vas trouver le bonheur avec Thomas.

PITE

Va te faire avorter à Toronto. Prends mon argent pis laisse Thomas tu seul. Tu lui as fait assez de mal. Dans la grande ville, tu trouveras ben un grand naïf qui succombera à tes charmes. Je m'en sacre ben. Mais je veux pas que tu restes une journée de plus ici.

ANNIE-2

Thomas.

PITE

Thomas a pas besoin de toi. Il a jamais eu besoin de toi. Tu l'as eu par le cul, juste le cul. Ton beau p'tit cul sale! Ben, ramasse-le, ton cul. Va le vendre à Toronto. T'as pus d'affaire ici. Tiens, cinq cents piastres! Prends-les!

ANNIE-2

Fourre-toi-les dans le cul!

PITE

T'en veux pas de p'tit! Les filles comme toi, égoïstes pis méchantes, elles en veulent pas de p'tits. Elles veulent rester jeunes, pis belles. Des p'tits, ça fait vieillir. Ça rend grosse. Tu veux pas être grosse, hein? Ça fait que.

ANNIE-2

Mange de la marde!

PITE

Tu veux pas mettre au monde un bâtard qui sera pas plus du monde que toi. Ça fait que prends l'argent.

...

ANNIE: Je voulais pas t'abandonner.

74

ANNIE-2
Je l'ai pris quand même. Chrisse, cinq cents piastres! Une fille crache pas là-dessus!

ANNIE: Je voulais pas.

ANNIE-2
Bullshit!

PITE
Pleure, mon Thomas. Pleure. Parce que t'es rien sans ta mère. Rien. Ça fait que. Pleure. Pleure sur ta mère.

...

MARTHE
Les rideaux sont-tu tirés, Pite?

PITE
Je vas faire ce qu'elle me demande de faire. Je vas le faire pour toi. Je vas le faire. Même si. Je suis pas un tueur. Mais. Moi, j'ai pas d'attaches. Je suis un étranger. Rien que le chambreur. Je peux ben payer le prix.

MARTHE
Les rideaux. Tire les rideaux. Je veux pas voir dehors.

PITE
Je vas le faire pour toi, pour elle, pour moi. Ta mère veut juste dormir. Dormir pour toujours. Elle veut que je l'aide à dormir pour toujours. Que j'y tienne la main. Que j'y ferme les yeux.

MARTHE
Baisse le store. Je veux pas voir le soleil. C'est pas vers le soleil que je m'en vas. C'est vers le noir le plus noir, hein?

PITE

Le store baissé. Juste la pénombre. La bouteille de pilules pour dormir. Le store baissé. On se voit à peine, ta mère pis moi.

MARTHE

C'est noir, la mort. Ça doit être noir. Comme un ciel de nuit sans étoiles.

PITE

Dans la pénombre, j'ai sa main dans ma main.

MARTHE

La mort, ça doit être frette itou. Noire pis frette. Je l'imaginais pas de même. Je la rêvais toute douce, toute bleue. Mais là. J'y fais face pis. Ça me semble noir pis frette.

PITE

J'ai sa main dans ma main.

MARTHE

Ta main est tellement chaude, Pite. Ça brûle.

PITE

Je l'aime pour le vrai. Comme un mari aime sa femme. J'ai sa main dans ma main.

MARTHE

Où c'est que je m'en vas, là?

PITE

Sa main dans ma main.

MARTHE

T'as-tu tiré les rideaux? Le store est-tu baissé? Pite? T'as-tu fermé la fenêtre? Je vois les rideaux qui bougent. Il vente. Le store claque contre le rebord de la fenêtre. Pite, va donc fermer la fenêtre. Ça

m'énerve d'entendre le store claquer contre le rebord de la fenêtre.
Ça laisse entrer de la lumière.

PITE

Main dans la main. Pis je suis pas le p'tit gars de douze ans. Ni
l'excité qui lit son *Playboy*. Je suis plus que moi-même. Je suis. Je
peux pas le comprendre. Je suis connecté à c'te femme-là comme
j'ai jamais été connecté à qui que ce soit de toute ma vie.

MARTHE

Je veux pas de lumière. Pite! Pas de lumière. Mais le vent souffle
pis tire. Souffle pis tire.

PITE

Elle expire.

MARTHE

Tire, mon Dieu. Tire. Tire. Tire.

PITE

Son dernier souffle.

MARTHE

Souffle pis tire. La lumière entre pis sort. Entre pis sort. Les rideaux s'agitent. Pite, fais quelque chose. Ferme la fenêtre... La
lumière entre.

Marthe disparaît dans la noirceur. Silence.

PITE

Quand j'y ai fermé les yeux, j'étais pus. J'étais. Je suis allé dans la
cuisine. J'ai attendu sur une chaise. J'ai regardé les égratignures
sur la table. J'ai attendu. Attendu.

...

ANNIE: J'attends ta sentence. Tu m'as jugée. Condamne-
moi.

ANNIE-2
C'est pas le temps.

ANNIE: Je pourrais mieux me défendre si tu ouvrais la bouche.

ANNIE-2
Dis-y ce que t'as fait.

ANNIE: Aussitôt que Pite est entré dans la chambre de ta mère, j'ai sorti ma valise. Pis j'ai pris un taxi jusqu'au terminus d'autobus.

Silence.

ANNIE: Je le sais pas pourquoi je suis partie. Je le sais pus.

ANNIE-2
Parce que t'avais compris que Pite avait raison. Dans le fond, t'étais rien qu'une guidoune.

ANNIE: Je t'aimais.

ANNIE-2
Tu l'aimais assez pour le laisser là.

ANNIE: Mais. Je pensais que c'était mieux si.

ANNIE-2
Mieux pour toi. Pour lui, aussi. Parce que tu y croyais pas à c'te p'tit-là qui voulait grandir en dedans de toi. Ni à la belle vie avec Thomas. Tu te voyais pas mère, femme. Parce que t'étais rien qu'une fille de joie. Rien que pour la joie des autres.

Silence.

ANNIE: Je me suis trompée en revenant ici. J'aurais pas dû.

ANNIE-2

T'es partie. Je suis partie. Jamais vraiment eu de place à moi. Même à la Nash, j'étais pas chez moi. Personne a jamais voulu de moi, juste toi. Mais. T'étais trop innocent pour une fille comme moi. Merci pour les batteries. Je vas me remplir les oreilles de musique pis disparaître en dedans de moi.

PITE

Allô, Thomas. Bonne journée à l'ouvrage? T'étais mieux dans la mine aujourd'hui.

ANNIE-2

Wanup. Estaire.

PITE

Cherche-la pas. Elle est partie.

ANNIE-2

Alban. French River.

PITE

Annie, aussi.

ANNIE-2

Pointe au Baril. Parry Sound.

PITE

Elle est partie faire mourir ce qu'elle disait avoir dans le ventre.

ANNIE-2

MacTier. Coldwater. Barrie.

PITE

Où tu vas? Tu la rattraperas pas. Elle a une avance sur toi.

ANNIE-2
Yorkdale Shopping Center.

PITE
Thomas. Tu vas pas t'en prendre à moi, hein? Moi! J'ai fait ce que ta mère voulait. Que c'est que tu me fais, mon Thomas? Pourquoi tu veux pus de moi? Thomas? Thomas? Thomas?

ANNIE-2
Toronto. Bay et Dundas. Terminus.

Annie-2 et Pite disparaissent dans la noirceur.

...

ANNIE: Thomas. Il y a dix ans, je me suis pas fait avorter. J'ai gardé l'enfant.

Silence.

ANNIE: Y a dix ans, la *ride* d'autobus était trop longue, ben trop longue. Des heures à voir passer le paysage, à te faire brasser, ça te creuse en dedans. Des heures, pour me calmer. J'ai jonglé avec mes sentiments. Je me suis conté des histoires pour me donner du courage. À chaque fois que le chauffeur d'autobus ouvrait la porte, je voulais sortir, crier: «C'est ici, mon stop!» Mais je restais assise. Pis des bouts de moi sortaient quand même. Pis quand je suis arrivée à Toronto, il restait pas grand-chose de moi. Pas mal juste le tison dans mon ventre. Fa que.

Silence.

ANNIE: Je pouvais pas retourner à Sudbury. Parce que. Pite aidait ta mère à mourir. Elle était probablement déjà morte. Je voulais pas retourner à ça parce que. Parce que j'étais un peu responsable. J'avais honte. J'étais mélangée dans mes sentiments.

J'avais eu tort de t'obliger à choisir entre ta mère pis moi. Tort de. Mais. J'avais vingt ans.

Silence.

ANNIE: Je suis jamais retournée à Sudbury. J'ai pas osé téléphoner à personne. Par les journaux, j'ai appris que Pite avait été trouvé coupable du meurtre de ta mère. C'était un petit entrefilet de rien. Ça parlait pas de toi. Ni de moi. Fa que je me suis dit: «C'est mieux de même.» Je savais pas que tu m'avais suivie à Toronto. Thomas, c'est ça que t'as fait?

Silence.

ANNIE: T'es pas capable de me répondre, hein? C'est parce que t'es fou. T'es juste fou.

Silence.

ANNIE: Je te laisse-tu le bouquet de fleurs? Ben non. T'en veux pas. Tu veux rien de moi. On est quittes. On s'est quittés, y a dix ans. Bye.

Sortie d'Annie.

Thomas est seul. Le sac d'épicerie repose sur la petite table.

...

Entrée d'Annie et d'Ève. Annie apporte des vêtements et un nouveau sac d'épicerie. Ève se tient derrière Annie, une feuille de papier entre les mains.

Silence. Annie donne les vêtements à Thomas, qui se change aussitôt.

ANNIE: Ils m'ont téléphoné pour me dire qu'ils te relâchaient. Ils savent ton nom. T'es pus juste un numéro. T'as un nom.

...

ANNIE: Ils l'ont rentré dans leur machine à côté du numéro.

...

ANNIE: Ils peuvent pus te garder. Ça coûte cher à l'État. T'es ni dangereux ni malade. Tu veux juste pas parler. C'est ton droit. Fa que, ils te libèrent.

...

ANNIE: Ils auraient pu te donner du linge moins guenilles. Je pensais qu'ils t'auraient trouvé quelque chose de plus neuf. Au moins, c'est propre. Euh? C'est ton linge. Excuse. Ils ont pas le droit de jeter ce qui t'appartient. Après tout, t'as pas grand-chose.

...

ANNIE: Hier, quand je suis partie, je voulais pas revenir. J'étais crevée. Mais. Ça a dû me faire du bien dans le fond parce que j'ai bien dormi cette nuit. Tellement bien que j'ai oublié jusqu'à mon nom. En me réveillant, ce matin, ça m'a pris un temps avant de reconnaître où j'étais, qui j'étais. C'est la voix d'Ève qui m'a ramenée à moi.

...

ANNIE: Ève. Voilà ton père.

...

ANNIE: Dis-y bonjour.

...

ANNIE: Aie pas peur de lui.

...

ANNIE: Ève?

...

ANNIE: Je voulais qu'elle voie son père avant qu'il soit trop tard.

...

ANNIE: Je sais pas ce qui lui prend. Depuis que j'ai décidé qu'elle viendrait avec moi, elle a pas arrêté de parler. Les choses qu'elle avait à dire à son père. Elle en avait long.

...

ANNIE: Ça a ben l'air que je vais devoir parler pour elle en plus. C'est correct. Je commence à être habituée de parler pour les autres.

...

ANNIE: Ève? Donnes-y ton dessin. Regarde, Thomas. Elle l'a fait pour toi. C'est le bloc d'appartements où on habite. Si tu comptes les étages, tu vas voir qu'on est au dixième. La p'tite fille, là, c'est Ève. Pis la grande, c'est moi. Les ressemblances sont bonnes, hein? Elle a du talent. Elle est intelligente. Studieuse pis tout. Là, en bas, elle a écrit notre adresse pis notre numéro de téléphone. Je lui ai pas dit de faire ça. Je lui ai dit que c'était pas nécessaire parce que. Ben. On te reverra pas, pus jamais.

...

ANNIE: C'est sûrement la dernière fois qu'on se voit. Tu comprends-tu ça? Tu vas repartir plus propre. Repartir, Thomas. Pis je te chercherai pas sur les coins de rue. Pis si ta photo repasse dans le journal, ça m'empêchera pas de dormir.

...

ANNIE: On est là. En face-à-face. Tous les trois. Là. Dix ans plus tard. Là. Aujourd'hui.

...

ANNIE: On pense que c'est le passé qui fait le présent. Mais, moi, je me dis que c'est peut-être plus l'avenir. Parce qu'on a ben plus besoin de l'avenir que du passé. Dans le fond. Le présent, c'est juste une bataille entre le passé pis l'avenir. Pis c'est ben à nous autres de choisir quel bord gagne.

...

ANNIE: Moi, j'ai choisi. Pis si ça veut dire de t'abandonner une deuxième fois.

84

...

ANNIE: Y en aura pas de troisième.

...

ANNIE: Ève, ton père a choisi de garder le silence. Il veut parler à personne.

...

ANNIE: Avant, il était quelqu'un. Il travaillait dans une mine. Mais il est pus le même homme. Il est pas le Thomas que j'ai connu.

...

ANNIE: C'est un sans-abri. Il fait pitié. Mais. Il veut pas que je l'aide.

...

ANNIE: Je peux pas faire plus que ce que j'ai fait les trois dernières journées. T'es chanceux, Thomas. (*Elle lui donne le nouveau sac d'épicerie.*) D'habitude, je donne pas aux quêteux. Parce que chaque vingt-cinq cennes compte pour moi. Chaque cenne noire compte. Parce que je me bats pour ma vie. Je me bats. Je travaille. Mais t'es le père de ma fille. Pis ta fille a un grand cœur. Fa que. Je fais une exception. Ève a insisté. Elle voulait absolument que je t'apporte un cadeau. J'ai pensé que tu devrais changer de sac d'épicerie. Ça te sert à rien de traîner le passé. Pus maintenant. Le passé entre toi pis moi a pus tellement de poids. Il y a pus de doute pour nourrir des rêves. On a juste la vérité pour nous aider à faire face à la réalité.

...

ANNIE: C'est pas grand-chose: un sac de biscuits, des mitaines, pis une photo d'Ève. C'est sa photo d'école. Elle te la donne pour pas que tu l'oublies. Perds-la pas, hein?

Thomas tient le sac, garde la photo dans sa main.

ANNIE: Moi, tu m'as oubliée ou pas pardonné. Je sais pas. C'est pus tellement grave.

...

ANNIE: Elle restera toujours ta fille. Moi. Je.

...

ANNIE: Dix ans, c'est toute sa vie à elle. Dix ans, c'est pas notre vie à toi pis moi. Fa que.

...

ANNIE: Je suis heureuse avec ma fille. Ta mère m'avait dit que ça ferait ça, un enfant. Que ça me sauverait.

...

ANNIE: Tu gardes ton silence? Même avec ta fille devant toi. Dans tes yeux. Pourquoi tu refuses toujours de parler?

...

ANNIE: T'as jamais connu ton père, Thomas. Parce que ta mère faisait tout pour l'oublier. Mais l'oubli ça comble pas le vide. Une question cherche toujours sa réponse. C'est pour ça que j'ai emmené Ève avec moi aujourd'hui.

...

ANNIE: Ève, on va y aller. Fais tes bye-byes à ton père.

Temps. Ève s'avance vers Thomas et lui passe une main sur la joue.

ANNIE: Viens.

Sortie d'Annie et d'Ève.

Silence.

Thomas fixe la photo d'Ève. Il hésite.

THOMAS: Ève.

Les bruits de la ville envahissent l'espace.

Noir.

LA FIN

L'intérieur de ce livre est imprimé sur
du papier certifié FSC, 100 % recyclé.

Sources Mixtes
Groupe de produits issu de forêts bien
gérées et de bois ou fibres recyclés.
www.fsc.org Cert no. SGS-COC-2624
© 1996 Forest Stewardship Council

Achevé d'imprimer en juillet 2008
sur les presses de l'imprimerie Gauvin,
Gatineau, Québec